AF598827

POENIMIOS
y PARAVERSOS

Manuel M. Hervás Lino

Aliarediciones

Corrección: Julia Salas
Diseño de cubierta: Aliar Ediciones
Maquetación: Aliar Ediciones

Depósito Legal: GR 452-2024
ISBN: 978-84-10155-79-4

Impreso en España

Edita
ALIAR Ediciones
www.aliarediciones.es
info@aliarediciones.es

POENIMIOS
y PARAVERSOS

Manuel M. Hervás Lino

escribo

escribo
y,
en realidad,
no estoy seguro
de si escribo
o
deletreo el tiempo que me sobra

folio

cruje el folio ante el avance de la pluma que lo mancha de palabras...

lágrimas

no llores allí donde las lágrimas
no logren hacer fértil el desierto

versos de primavera

versarte en los labios
los dulces susurros
de la primavera

tan yo

de sentirte tan yo
y
tan conmigo
surgen los versos de un poema
interminable
encaramado al amanecer
de
cada
nuevo
día

El fin del mundo

hasta el último segundo
del último minuto
de la hora terminal
en el día más grave:

que el fin del mundo me pille
escribiéndote un poema...

autobiografía sin hilos

yo soy yo y mis aforismos

recuerdo

aún recuerdo aquella noche
en que tu sueño
me hizo
realidad

historia de amor

yo soy yo y tus circunstancias

stockholmska

¿me quieres?
pregunté,
ni más ni menos
que a cualquier otro rehén,
respondió rotunda,

y,
rotunda,
cerró la puerta
y
marchó

disparate

el disparate
es la sangre de la literatura

furibundamente verso

furibundamente verso,
imprimes tu metáfora en la noche

iracundamente vida
estampas tu reseña en las jornadas

impetuosamente tú
rubricas la derrota de mis naves
y
me impregnas hasta el tuétano de tu ser

guantes

lector con guantes
no caza poemas

sonrisas...

hace, ya, muchas sonrisas
que solo sonrío a ratos

taytantos...

noventa
y
siete

noventa
y
ocho

noventa
y
nueve

y
cincuenta

los transeúntes nunca escucharán el ruido del vaho contra los cristales

sensación térmica

Sensación térmica:
prendado de sus encantos.

ho tenim tot

ho tenim tot
ho volem tot
no en tenim prou
tot no és bastant
res és ben cert

vaguedad

Dios los cría
y
el templete hace aguas

(la vaguedad de mis versos se refiere al clima y a la inexactitud congénita de tu apariencia)

VosotrOX

lo único admirable en
VosotrOX
es vuestra capacidad para dar
miedo,
pena,
vergüenza,
asco
y
risa
al mismo tiempo.

dietario

Día primero. - Castidad y alguna palabra acabada en «–igno»
Día segundo. - emblemático
Día tercero. - el tercer día
Día cuarto. - trece treinta horas hora peninsular: lluvias en el horizonte
Día quinto. - angustia
Día sexto. - tú
Día séptimo. - ni siquiera tú...

realidad

la realidad
solo es un destello
de fantasía
desaprovechada

ondea

ondea como nunca antes ondeó
la bandera
que,
por querer ser de mi patria,
rompió en dos
(o en tres)
mi patria

pulseras

sangre de los míos
y
bilis de los tuyos,
de tanto ser grillete,
se convirtió en pulsera

¡yo soy malespañol, malespañol, malespañol...!

sí
lo reconozco
soy un mal español

pero no
porque no use pulseras,
que ya me vale,
vergüenza debería darme,
sino porque quiero
descubrir lo que es España
antes de hablar sobre lo que nunca ha sido España

noche (1)

la noche no es materia
que concierna a la rutina

noche (2)

la noche es el momento
en que tu ausencia
increpa a mis desvelos

analfabeto

era tan analfabeto
que solo sabía leer
y
escribir

revolución

yo participé
en la revolución de los excéntricos,
la de los que apagamos la tele
y
abrimos un libro

teclado

diezmasiados dedos
para
tan poco
teclado

yo

polvo de estrellas reciclado
por los siglos de los siglos,
de abuelo a tastarabuelo,
en la genómica espiral

Tú

agua ajena para una sed tan mía

Hombre de principios

un hombre tan de principios
que estaba lleno de finales

ausenciable

también la ausencia
es una forma de presencia

valencià

valencià
i,
per tant,
espanyol,
no español porque aquí s'hable español...

casi nada

dos segundos
de todo
y
siempre,
tampoco
te pido
más...

Cosas de músicos

más vale sordo
que mal acompañado

S

arrojé mis versos
a un desierto de hielo
y
surgió la fortaleza
de la soledad

sin ira

sin ira,
sin hora
y
sin ahora,
como lo quiso Alejandra,
sin perdón,
porque tampoco ha lugar

mich

de nuevo
esa oscura lejanía
navegando
un oscuro océano
de flores blancas...

cromatismos

tú das color de verso a un mundo
que,
sin ti,
sería color de prosa

inspiración

cuando el carcaj se agota
no está mal pedir ayuda a los mejores

carpe diem

el carcaj del tiempo no es eterno,
apúralo con diligencia,
sin prisa, pero sin pausa,
dando a cada cosa su valor
y
disfrutando de cada flecha

¿sí?

No te preguntes qué puede hacer tu país por ti.
Pregúntate en qué podemos dejar de malgastar el país...

intifada

a martillazos contra el nazi:
la intifada del picamaderos

tanto

tanto,
tanto,
tanto,
que no fue para tanto

ellos

la bandera en la pulsera
y
la patria en la cartera

las bellas artes según Pizarnik

arquitectura,
pintura,
escultura,
música,
literatura,
danza,
cine
y
autodestrucción.

Estrella fugaz

yo soy de los que piden una estrella
cuando el deseo,
fugaz
e
indiferente,
ya marchó

ahí estamos

nivel de patetismo:
tú

Tertulia

yo
pongo
el café,
los versos
y
alguna
situación
ridícula,
tú,
el sentido
y
la razón
de
todas
las
cosas

susurro

el día,
de nuevo,
susurra tu nombre
a los cuatro vientos.

ejque hoy juegal mazdrí

ejque hoy juegal mazdrí

jpanñia ramplona,
casposa
y
ridícula,

jpanñia cebolleta,
encebollada
y
boba

jpanñia...

microcuento en dos haikús

escalaremos
un muro de nostalgia
para resistir

cuando el desertor
es sangre de tu sangre,
y sueles ser tú

Dolor

dolor.
(Del lat. dolor, -ōris).
1. m. Sensación molesta y aflictiva de una parte del cuerpo por causa interior o exterior.
2. m. Sentimiento de pena y congoja.

duele, José Ángel Buesa,
duele,
escuece,
resquema,
desazona, José Ángel Buesa,
luz de penumbra,
melancolía,
sensación molesta
y
aflictiva en sus poemas,
sentimiento de pena
y
congoja en sus razones,
duele,
duele, José Ángel Buesa,
duele...

¡¡ladrones!! Que sois unos ladrones...

todo lo que siempre quise escribir,
me lo han robado Salinas,
Neruda,
Sabines,
Rubentxo
y
García Montero

todo lo que siempre quise componer,
me lo han robado Mahler,
Tchaikovsky,
Ligeti,
Stockhausen
y
Llorenç Barber

todo lo que siempre quise ser,
me lo ha robado
el destino...

¡... quién puede decir miedo,
estando la cárcel vacía...!

4 haikús

I

Eres el haiku
que sereno y rampante
brilla en la noche

II

Cinco sílabas
derramadas en tu piel
hacen un haiku

III

Solo sabré quien
protagoniza un haiku,
solo si eres tú

IV

Tiembla la luna
sobre el mar de tus ojos
oceánicos

siesta

despierto,
salgo de un sueño
y
quedo preocupado
por cómo continuará ahora,
que yo ya no estoy allí.

poeta

decir
lo que nunca ha dicho nadie,
usando
las palabras que todo el mundo
suele usar,
combinándolas
de una forma que parezcan
imposibles
de combinar

amor

matar
por nadie,
morir,
por ti

café con azúcar

tantos
y
tan dulces
«tú»
disueltos
en tan poco
y
tan amargo
«yo»

esos días

esos días
en los que el cielo es gris
y
la Internet
dice que no...

pedante

pedante
como el sol de
agosto

bélico Maquiavelo

tan maquiaBélico
como un jugador de ajedrez

¿será?

Será...

limnología

rio el río
y
río yo...

gradación

MÚSICA
Música
música
musica
y
musiquillas

La caverna de Aristocles

estimado Aristocles

me liberé de las ataduras
me incorporé
me volví
y
vi el fuego
ahora camino hacia la rampa

ampárame.

instante

... cuando un ratón
no es
sino un rato
largo
con ratas...

MANUAL ILUSTRADO DE HISTORIA DE ESPAÑA

Índice.

1.- Capítulo único: Castilla.

aquisa blaspa ñol

... de este a oeste...

català
aranès
fabla
castellano
euskara
برع
llionés
bable
extremeño
(y diez:) galego

... es lo que hay.

tú

simplemente tú,
contenida en cada verso
y
depositaria del tiempo

Pues, eso...

... si el tiempo que dedicáis a odiar
lo dedicarais a leer...

C'est la vie

La mierda es una vida.
(y, en algunos casos, toda una vida...).

reflexión...

Muchos años después, el día que lo iban a matar, al despertar tras un sueño intranquilo, frente a un pelotón de fusilamiento, y convertido en un monstruo insecto, Alonso Quijano hubo de recordar aquella tarde remota en que su padre lo llevó a conocer el hielo...

del catálogo de ojalás

... siempre habrá un poema
que llevarse al corazón

historia de amor

Sí, creo que eres el motivo...
Sí, creo que eres la razón...

saberes

no sé si sabes
lo que yo sé
ni sé si sabes
lo que quisiera saber

sí sé que sabes
lo
que
nunca
sabré...

jardín

despuntas en mi horizonte
y
levantas mi día
dando forma al mundo que cohabito
y
sentido a la vereda que cabalgo

las flores del jardín se asoman al pensarte...

Otro amanecer

el amanecer resbala, cielo adentro,
y
penetra la porosidad del día:

anemia de ti
y
dieta de ausencia

nubes
y olor a carretera
para el desayuno cósmico...

felicidad y autoestima

la felicidad en grageas,
una cada ocho horas,
y
la autoestima en vaso grande
y
con mucho hielo

rosa rosae

tú eres la rosa
que aromatiza mi cielo
y, tus pétalos las alas
que me permiten volar.

espejo

y,
al otro lado del espejo,
la vida susurra futuros

viaje

penitentemente gnóstico,
me afano en descifrar
los ascéticos prodigios
de mi viaje en torno a ti,
siendo luna de la pesantez gravitatoria
que navega el firmamento
de los versos que te envuelven

horizonte de sucesos

no son dos agujeros negros
ni es un agujero negro
con dos entradas,
es solo un agujero plasmado
doblemente en la realidad

así, dos almas...

historia de amor

se me hace difícil escribir(te)
con la mirada fija en la puerta
por la que nunca llegas a entrar

smi

regocíjate en tu fracaso,
es todo lo que tienes
para acabar el mes...

verdad

la realidad no es más
que el contrapeso de la verdad

inminente

siento como tu inminencia
se derrama sobre el día

usted

espacio-tiempo
frío-distancia
flor-arcano
confidencia
poema
usted

tú

en el hoy
y
en el ahora
hay un algo
y
un mañana
con después
y
sin final,
con entonces
y
algún nunca,
algún otrora
y
muchos cuando,
varios siempre
y,
siempre,
tú,
constantemente,
continuamente,
invariablemente
tú...

historia de amor

En el fondo, la vida no es difícil,
todo se resume a buscarte
hasta encontrarte...

reliquias

las reliquias de lo que nunca dijimos
se me agolpan
en el fondo del remordimiento

¿loco?

habla solo, pero no porque esté loco
sino porque no ha hallado en el mundo
un sabio de su nivel

grisú

¿...quién no se ha sentido alguna vez
como un pájaro en una mina de grisú?

1707

No van guanyar
quan ens van envair, el 1707:
van guanyar
quan ens van convertir
en un país d'ignorants analfabets...

1707

No ganoron
cuan nos invadioron, en 1707:
ganoron
cuan nos convirtioron
en un país d'ignorantes analfabetos...

1707

No ganaron
cuando nos invadieron, en 1707:
ganaron
cuando nos convirtieron
en un país de ignorantes analfabetos...

La verdad

La verdad
es lo que ocurre,
afuera,
en el mundo,
mientras España ve fútbol...

concienciación

Una pistola en la sien
para obligarte a ser libre

Una navaja en el pecho
para obligarte a ser feliz.

locura

eres
la locura
que,
algún día,
cometeré

pvp

hoy,
supongo,
es el precio del mañana

luz del día

luz del día,
para dar forma a tu amanecer,
para en volverme en tu piel
y/o
enredarme en tu cabello,
para descubrir, junto a ti, el camino,
para mostrarte los versos
de nuestra canción, ...

versos

de todos
y
tantos versos
que hablarán de ti,
solo los versos míos hunden sus raíces
en un arcoíris de otoño
infinito
y
concluyente

anochecer

cada nuevo anochecer florece(s)
en el mapa del tesoro
de mis sueños de pirata pata palo
diletante,
cartón piedra
y
trampantojo

historia de amor

No sé de dónde has sacado el permiso para deambular como deambulas, libre, soberana y pretenciosa, por mis pensamientos, pero, si me lo haces llegar, te lo firmo, certifico y consigno en los anexos de mi ser, estar y transitar incuestionables argumentos, sin mácula ni dilación...

silencio

un silencio hecho metástasis

armas

como el acero,
a fuego
y
golpes de destino,
así se templan las armas,
así se templan las almas

facilidades

con la misma facilidad
que el cielo muestra
para parir, cada día, un nuevo día
quisiera, yo, parir mis músicas

con la misma facilidad
que mi nostalgia muestra
para recordarte
y
reinventarte a cada rato,
quisiera, yo, parir mis versos

caos

no rompamos el caos de la noche
con absurdas reglas

reloj

cabalgando a verso libre
los pagos de la soledad,
celando cada recodo del camino
y
dejándose saborear
por cada brizna de viento,
avanza el día en mi reloj,

siendo las Tú en punto
y
la eterna cadencia de tu ser minutos,
del día de tu mirada
del mes que recubre tu piel de besos
del año que tu defines
en el calendario de mi huida

esperando

esperando
ese mensaje en la botella
que el fulgor del desaliento
me envía a contra reembolso,

aprehenderte

cómo vista, olfato, tacto, gusto,
oído, anhelo, ausencia
y
la palabra prohibida,
no llegan para abarcarte,
necesito de los versos
para lograr aprehenderte...
tiempo en llamas

vagando por un tiempo en llamas
helado de silencios
y
acartonado de dudas,
mi alma sale de la noche
embebida en el recuerdo
de tu alma

versonauta

versonauta con la
L
de novato entre los dedos,
busco el verso
que me hilvane a tu memoria

(caminante no hay camino,
se hace camino al versar)

al versar se hace camino
y
al girar la vista a ti,
se ve el anhelo que nunca
voy a dejar de anhelar

Ecce homo

sondear los nueve estratos del infierno
y
resucitar al tercer día,

no hacen falta clavos
ni *ecce homos*
ni palabras en la cruz,
solo el interés por aprehender
la esencia misma de tu deidad

sed

no sé qué hago buscándote ahí afuera
sabiendo,
cómo sé,
que estás tan yo adentro
como yo mismo,
en lo más profundo de mi ser,
en el tuétano mismo de mi existir,
y griega de mi yo,
o eterna de mi todo,
gramática de mis versos,
valor atípico de mis anhelos,
agua para mi sed,
sed de todas las aguas que en el mundo son

fractal

como un fractal de sueños,
mis propósitos más inaplazables se perfilan
en las llanuras de tu piel
y
se aprestan a colonizarlas de inminencias
prendado de sus encantos.

Noches de ciática

dolor...
¡qué bien lo pasas contra mí!
¡qué repertorio de escarnios!
cómo me gustaría explicarte un par de cosas...

amanecer

ese momento en el que buscas la noche,
ese momento en el que el día te busca,
esos momentos en tierra de nadie en los que tu mente navega sin rumbo,
en esos momentos en los que todo está presente, aunque nada existe,
en esos momentos...

pienso...

Pienso, luego no entiendo nada.

... y, menos mal...

siempre cabalgando en ese
«y menos mal que...»,
siempre en ámbar el semáforo,
siempre ese silencio tenso, incómodo,
expectante,
siempre temeroso de girar la esquina,
siempre con los brazos protegiendo el rostro,
siempre agazapado tras el miedo,
siempre bajo tierra yerma,
siempre con los ojos
y
la boca pixelados,
siempre atribulado bajo un cielo encapotado,
siempre yo
y
siempre
tan
yo...

país...

rojo sangre
y
hiel mostaza
en ocres tonos imperiales,
érase un lugar en el mundo
en el que el tiempo,
si pasaba,
lo hacía hacia el pasado

resaca

anoche bebí tanto
del vaso de tu ausencia
que,
hoy,
la resaca
martillea en mis nostalgias

menester

ser menester
como la siguiente página
del calendario
(dánosle hoy),
como la estrella polar en la brújula,
como un pájaro para el cielo
o
como el cielo para el mar...

rebufo

a rebufo de tu cuerpo,
mi alma habita el nimio espacio
que tu alma imprime
al discurrir por los espacios,
está llena de tus huellas dactilares
y
se acurruca en el eco de tu voz

sonrío

sonrío mientras busco tu sonrisa
entre los álamos que adornan
la vereda de mis sueños

¿sabes que pensarte
es la única forma de volar?

brana

No sé si, algún día,
fuiste piel de toro.

Sí sé que, hoy en día,
eres brana de ignorancia.

paquito

¡¡hostia, paco!!
... si ni hitler te aguantaba...

Uei

Cada vez más nusatros.
A cada rato menos els.
Redescubriendo.
Redescubriéndonos.
Renaiximiento.
Uei.

Uei

Cada vegada més nosaltres.
A cada estona menys ells.
Redescobrint.
Redescobrint-nos.
Renaixement.
Hui.

Uei

Cada vez más nosotros.
A cada rato menos ellos.
Redescubriendo.
Redescubriéndonos.
Renacimiento.
Hoy.

rayo de concrezión

Un rayo de concrezión
y
firmeza
proyeuta o día alma adrento.
A sedosidad d'un amaneixer
de primavera
ranquéa entre os arbols.
Morgonían as fuens.
Versan os paxaros.
Te pienso mientres tota tu
te redamas por a brana d'a mía piel.
Y
vibras materializando o mundo,
cómo nomás tu sabes vibrar.
Cómo nomás tu puez vibrar.

La razón de la sinrazón que a mi razón se hace,

seguro que hay millones de razones
para razonar sobre razones
y
sinrazones

poeta

poeta de lidia:
tercio de varas
y
puntilla

tuyo

tuyo
por los cinco costados
de la existencia

¿todos los españoles somos iguales ante la ley?

justicia
versus
pragmatismo

vacío

... ese vacío tan lleno de nostalgias...

Sístole y catástrofe

no hay silencio que abarque mis silencios ni lamento que abarque mis clamores,
contemplando el mundo desde el propio mundo la entropía se eterniza
y
el agnóstico de guardia se transforma en gnóstico de cabecera

la noche corrompe los caminos y etiquetas carmesí aniquilan,
blanco sobre rojo, los ecos de la esperanza

desdicha y otoño en plenilunio pascual.

abismo
noche
lluvia
sal

temporal de lluvia y caspa

versos quedan en mi alforja
sin ser dichos,
arrebujados del silencio cómplice
y
prudente que aconseja el temporal

caos 2

el absurdo caos de la noche
se precisa
en absurdas reglas
y
oportunos accidentes

café y azúcar

disuelta en el café de la noche,
este azúcar de estrellas
te dibuja en mi nostalgia,
en la sustancia de mis lágrimas y
en el tuétano mismo
del esqueleto de mi alma...

perspicuidad

el cielo llueve tiempo
y
contornos
mientras la luna se oculta
tras un manto de perspicuidad

amanece el primer día del resto de mis versos

soluciones y no...

la solución al machismo,
ni es la machisma
ni es la feminisma

servidor de ustedes

un gran nadie
sumergido en la gran nada
especulando sobre un todo
que no abarca lo que abraza

tierra nuestra

Tierra Nuestra, que estás en la inopia,
santificada sea tu historia;
venga a nosotros tu nombre;
hágase la voluntad de los que quieren saberte.

Danos hoy la raíz de cada día;
perdona a los que te niegan
como también nosotros intentamos perdonar
a los que te falsean;
no nos dejes caer en la aberración
y
líbranos de la invasión del imperio del oeste.

Así sea por los siglos de los siglos.

baño

... y tomé un baño de ti
atrapado en las mareas de la noche...

geometría euclidiana

la distancia más corta entre dos puntos
es un verso

terraversista

terraversista convencido
de que el mundo
tiene la forma de tu sonrisa

amazona

amazona del espejo ardiente
en que se busca mi destino,
cabalgas el instante sobre el que
jamás
volverá a crecer la hierba

17 de abril de 2023

lunes,
la luna es una tenue sonrisa que rasga el cielo del amanecer

núvol de realitat

per tu batega cada vers,
ací,
allà,
en cada núvol,
en cada cel,
en cada plànol de la realitat.

fenomenología

fenomenología del anhelo:

tu nombre grafitado
en las paredes de mi alma

españols

Toz somos españols
dica que empezamos a leyer.

espanyols

Tots som espanyols
fins que comencem a llegir.

españoles

Todos somos españoles
hasta que empezamos a leer.

agronomía

poeminimizar efrainásticamente el huerto
y/o
gerguerizar la serna

sonrisa

sonríe,
que se jodan...

demagogo y oportunista...

¿por qué? preguntó
y,
automáticamente,
fue tachado de rojo
por las fuerzas vivas...

esos poemas

hay tantos poemas
que he compuesto para ti
y
que
no quiero que leas...

julius caesar

vino
vio
y
bebió

difícil, a veces...

¡Qué jodido es esto
de estar fuera del rebaño...!

Brevíssimo breviário de literatura em língua portuguesa

Fernando es persona
y
Paulo es conejo

prender

unas veces se gana
y
otras, se prende...

noche...

solo la noche da sentido al amanecer

... y día

solo tu noche da sentido a mi amanecer

del eclesiastés

más amarga que la muerte
es la ausencia de vida

pereza doliente

salida con amigos
plus
lluvia
plus
algunos años de más

ergo...

relatividad

que largas las horas
y
que cortos los meses

predecibilidad

ebrio de noche,
beodo de luna,
cegado de ti,
el cielo se derrama entre mis versos,
predecible de sueños
y
preñado de añoranzas

pleura

dicen mis lamentos que tu piel
es un gran valle que custodia
todos los aromas
que he extraviado en esta vida

ventana

la ventana quema abierta al mundo
que,
aunque te contiene,
te separa

jueves

brama el día reclamando su lugar
mientras la noche se retira a descansar
y
otro jueves
se acomoda en tu regazo

aleatoriedad incontrolada

1 que adas1 de https://www.

DÉBOURBONNER

llenito de orgullo...
... y
de satisfacción

excepcionalidad

excepcionalidad
dezaga
d'excepcionalidad
cabalga a normalidat

excepcionalitat

excepcionalitat
rere
excepcionalitat
cabalga la normalitat

excepcionalidad

excepcionalidad
tras
excepcionalidad
cabalga la normalidad

sentido

cuando todo aquello
que aún no ha sucedido
ocurra

será entonces cuando la noche
adquirirá un sentido...

a la cama no te irás...

bendito el día en el que aprendes
que sí puedes irte a dormir
sin aprender una cosa más...

camppaña electoral

se vienen elecciones
y
hoy
el viento sopla fuerte,
pon otra bandera...

máquina de tabaco

su carcinoma, gracias

bienaventuranzas

bienaventurados
los vientos de la noche,
porque de ellos es el aroma
de tu piel

bienaventuradas
las luces del amanecer,
porque de ellas es la silueta
de tu cuerpo

bienaventurados
los destellos del silencio,
porque de ellos es la esencia
del arcano de tus ojos

hambre y sed

la sed de Leonardo
era el hambre de Vitruvio...

aún recuerdo aquella noche...

veinte chupitos de ron
y
una emoción descontrolada

duelo de miradas

mantuve la mirada al espejo
hasta que,
con él,
lloré...

coplas

nuestras vidas son los ríos,
transidos de pantanos, presas, puentes,
exclusas, desagües, sumideros,
trasvases, lodazales, regadíos,
meandros, marjales, deltas
y
estuarios,
que van a dar en la mar,
que es el morir.

poema

ese poema
que todos llevamos dentro,
sí, ese,
quien fuera capaz de dejarlo salir...

lluvia

lluvia seca, la de hoy,
solo polvo, sequía
y
nostalgia

Rosa de Sant Jordi

duerme la rosa de Sant Jordi,
queda y callada,
sobre la piedra tras la que duerme
quien me dio la vida.

dormid en paz.
dormid...

Al hijo de puta buscona que maneja, sin sentido, los hilos de mi destino...

...sí, para ti...

¿Qué tengo yo que mi destrucción procuras?
¿Qué interés se te sigue, *gamer* mío,
que en mis días transido de odio y de fastidio
pasas usurpando el sentido de las horas?

¡Oh cuánto fueron mis entrañas duras,
pues confié en ti, tontamente un día!
¡Qué extraño desvarío,
si de mi ingenuidad el candor frío
sonrió al rezongo de tus promesas hueras!

¡Cuántas veces la consciencia me decía:
«Tonto, asómate ahora a la ventana,
y verás como de ti se ríe el día»!

¡Y cuántas, hijo de puta buscona,
«Mañana lo arreglamos», respondía,
para lo mismo responder mañana!

penitencia

tras oírme en confesión,
aquel cura se tornó en poeta

Hazañas domésticas

hazañas domésticas del vencedor vencido,
del invicto derrotado,
del triunfante fracasado,

hazañas domésticas para autoconvencerse
de su patética victoria
(pírrica
y
patética)
manchada en los versos
y
en las carcajadas del perdedor

<table>
<tr><td>tu</td><td>sístole</td><td>patetismo</td><td></td><td>hoy</td><td></td></tr>
<tr><td>y</td><td>y</td><td>y</td><td>y</td><td></td><td></td></tr>
<tr><td>yo</td><td>diástole</td><td></td><td>víctima</td><td></td><td>siempre</td></tr>
</table>

títol per definir

morí a França fugint d'Espanya
(no,
no fugint de terra espanyola,
fugint
d'Espanya...).

posa tu el títol,
segur que en tens de molts...

nada

todo nada es algo

sombras

¿y si resulta que las sombras de Platón
no eran más que astigmatismo?

Padre Putativo

demasiados aspirantes
a padre putativo de la patria
solo han conseguido forjar
esta patria tan puta

lágrima

un poema suele ser una lágrima de tinta

aritmética

la mentira es la suma de todas las verdades
la verdad es la suma de todos los anhelos

memento homo:

no eres más que un cadáver
en proceso de maduración

yo mismo...

donnadie titulado
con máster en pedantería
y
un posgrado en necedad
se ofrece para aforismar la vida
en ratos muertos

sombra

mimetizada de sol,
una sombra nos persigue.
mimetizada en el día,
no la vemos,
pero,
en el silencio del momento,
se adivina su resuello en el cerviz

aritmética amorosa

todos creemos que estamos enamorados
hasta el día en que nos enamoramos

lema

de malos lemas
están las sepulturas llenas

puede I

protestar puede ser perder el tiempo en voz alta

puede II

pensar no suele ser más que procrastinar de memoria

espiral

una espiral rodando hacia su centro
es un hoy tumultuoso
rodando hacia un mañana inalcanzable

memento

morir de viejo es morir
por sobredosis de tiempo

mecánica cuántica

no cabalgamos
sobre una flecha de tiempo
sino que buceamos
en la infinita superposición
de infinitos
océanos
de tiempo

política

la política huele el miedo,
los políticos, la necesidad

mors

murió de un poemazo
en la pleura del recuerdo

rusa

montaña arriba hacia la sístole
y
derrapando a la diástole

historia de amor

Sí, todavía sigo visitando tu perfil...

todo

todo nunca es demasiado
ante un propósito infinito

Hoja de ruta

modos de trilero
y
tómbola de sueños,
ese es tu proyecto para mí...

Hoja de ruta II

casi prefería cuando me ninguneabas...

Tarde (otra) de fútbol

la locura
es intentar parecer cuerdo
en este mundo de dementes

dudas razonables

Siempre me preguntó quién será el desconocido que me observa en el espejo...

rarito

seguramente seré muy raro para muchas cosas, pero, si me preguntas por la monarquía, te diré que no, que no soy monárquico, en eso soy normal...

indiferencia

no es fácil
asumir la voz de un silencio
que se revela ante su propia
indiferencia

libro

libra
y
labra
libros
libres

confluencia

Cada uno de nosotros es un punto de confluencia de todo el universo

poema

cogí todos los despojos
que rondaban por mi mente
y
escribí un poema

duelo

te reto a un duelo:
tú
y
yo
contra mí

dos momentOX

de
el toro no sufre
a
el moro no sufre
solo hay media papelina

haiku de una noche de verano

(11-12 de julio de 2023)

lluvia de barro,
neblina del Sáhara,
cielo enlodado

definición

definir ¿no es poner
puertas al campo?

tormenta

tronó el alma
y
lloró el cuerpo

futuro

el futuro es un francotirador
que,
apostado en el presente,
observa tu pasado

llengües de gat

català,
valencià
i
mallorquí
son idiomas tan distintos,
que todos los tratados que tratan sobre el tema
están escritos en castellano

novela corta

en la huera infinitud de un verso
todo puede suceder

nada

la nada es una parte del todo más infinito

nima@gonva.sct

¿sabes esa sensación
de llegar siempre tarde
a todas partes?

estimado

estimado yo,
te lo advertí...

lema electoral

tú relájate
que ya, yo,
me encargo de todo

decir

dijo tantas cosas
y
en un estilo tan claro
y
depurado,
que solamente quedó claro
lo que nunca dijo

España, de nuevo...

me preguntaron por España
y
no tuve más remedio
que esconder mi ignorancia
tras un trapo rojigualda

símbolos

tenemos bandera,
tenemos himno,
¿hacemos país?

símbolo

en el sótano de tu ignorancia,
siempre habrá una bandera
tras la que esconderte...

héroe

un héroe es solo un miserable
que ha conseguido mantener a oscuras
su lado mezquino

complejo de culpabilidad

el poema no tiene culpa de nada,
el culpable de todo es el poeta.

vesprada de pluja

el cielo insulta en arameo
y
llora dulce (por ahora),

a veure si, aquesta vegada,
sap ploure...

inmensamente nadies

dar poder a ciertos nadies
hasta que se crean alguien
suele ser muy peligroso...

Identidad de género

soy un poeta fracasado
atrapado en el cuerpo
de un poeta malogrado

obviamente

¡...la pregunta es bien estúpida!
¡por supuesto que sí...!

En un abrir y no cerrar de ojos

¿entendéis ahora
por qué estaba siempre
tan lleno de orgullo
y
de satisfacción...?

amistad II

dadme un punto de apoyo
o
caeré

eras

la vida humana
es tan ridículamente corta
que la mayoría de los
«eso siempre ha sido así»
no tienen más de un siglo

capital

Madrid
(imperial capital del imperio más imperial)
es una ciudad de más de un millón
de antiespañoles,
según las últimas estadísticas

amistad III

Ese complejo sistema de asideros...

filosofía

la filosofía es lluvia
y
hiedra,
y
nunca piedra

cobardía

tiré una moneda al aire
y
salí corriendo para no ver el resultado.

conflicto intergeneracional

los viejos de 20
nunca comprenderéis
a los jóvenes de 60

pureza

sobre la blanca pureza del papel,
el negro demoníaco de la tinta

Noche de lluvia

parece que hoy la luna
cabizbaja tras las nubes
derrama su lirismo sobre ellas

Noche de lluvia II

una lluvia,
impertinente
y
necesaria,
tintinea sobre el suelo
la sintaxis de tu nombre
en el idioma de los sueños

canción de otoño

el otoño te *inviernea* en primavera
y
saberte es el único verano susceptible...

nostalgia de ti:

no hay prisioneros
cuando el huracán de tu ausencia
arrasa el sembrado de mis sueños

eres

eres uno de esos sitios
a los nunca he ido
pero ya quiero volver

épocas

no me llaméis poeta,
soy una persona poetizada...

Requiem...

... por todos los versos
que te he escrito
y
que
nunca
leerás

éxito

logré fracasar en absolutamente todo lo que me propuse,
y
ese
fue,
sin duda,
mi único éxito

aleatoriedad descontrolada

vita mea

vita mea

aleatoriedad descontrolada

definir lo indefinible

Yo sé que, en algún lugar del diccionario,
habrá una palabra que sea
capaz de intentarlo.

De lo contrario, qué tristeza de lenguaje

bumerang

lancé un bumerang
y
me senté a esperar su vuelta.

terraplanista:

encéfalo(gramo)planista

perspectiva

ese puente que se mueve sobre el agua detenida de aquel río que no fluye

intelectual

Su alma es una casa encantada, llena de fantasmas y demonios y construida sobre un cementerio de libros y sabidurías varias que el mundo pretende exorcizar prudentemente...

Teoría del estado. Tema I. Preliminares.

Estado, ignorancia y patria:
Padre, hijo y espíritu santo...

biografía

El trauma de nacer
y
la experiencia de morir.
Lo demás, todo es vibrar...

DÉBOURBONNER II

mi mundo no es de este reino

silencio

pocos gritos tan potentes
como el grito del silencio

tarde de mayo y, todavía, cabreado

otra tarde perdida en el sinsentido de mis tardes
(y ya hace muchas tardes que perdieron su sentido)

cédula de habitabilidad

solo sobre tu piel
soy capaz de redactar
la cédula de habitabilidad
del universo...

curiosidades lingüísticas

curioso el idioma aquel
que los españoles llamamos
castellano
y
los castellanos
llaman español

historia de amor

El universo infinito
no es más que un verso bien modesto
del poema que, algún día,
te leeré al oído...

historia de amor

el lugar correcto
y
el instante preciso
de un sueño lejano,
eso eres.

historia de amor

Serte,
eso sería todo...

delincuente

querer saber,
ese es mi gran delito...

noche ronca

es amargo el aire frío
que resuellan mis entrañas
cuando la voz ronca de la noche
cala en el axioma de tu ausencia

(hoy la noche no es amable
ni su voz ronca lo es)

verso a verso

cada verso
es un perverso
universo
adverso
y
diverso
transverso
en el reverso
del introverso
converso

fatídico

fatídico aquel día
en que se inventó la palabra
«muerte»

teoría evolutiva

parece que todo fue bastante bien
hasta que el primer homínido erguido
se irguió,
desde entonces
y
hasta hoy
todo ha ido cuesta abajo hacia el abismo

duda

la duda es la madre de todas las arritmias

inevitable

lo cortés no quita lo inevitable

propuesta

el hombre propone
y
el hambre dispone

ubicuo

el mentiroso
es el único ser vivo
que posee el don
de la ubicuidad

libertario

Reclamo mi libertad
de esclavo

libro

¿recuerdas aquel libro?
seguro que sí...

pendón

la incapacidad mental de algunos
es la bandera nacional de otros

Pan

no solo de pan son las flautas

Айрин. Ayrin

¿jugamos a seguir jugando aún a sabiendas
de que,
algún día,
el juego se nos irá de las manos?

Artes temporales

una estatua unidimensional
cabalgada por el tiempo
es un poema,

una talla bidimensional
que galopa tras el tiempo,
una canción,

un relieve tridimensional
que redimensiona el tiempo
y
lo desparrama en el espacio,
el ballet,

un multiniverso infinito
interdimensional
y
aléphico,
la ópera...

desahogo

Dios aprieta
y
hacienda ahoga

aleación

la materia de la que están hechos los sueños
es
la materia de la que está hecho el universo
pero con los componentes aleados
de forma diferente

neuronas espejo

La realidad se cuela en los espejos
aun cuando tú no estás reflejado en ellos.

cosas por decir

¡qué fácil lo tuvo el primer poeta!
¡cuántas cosas por decir!

hemos

hubo
hemos
habrá

divorcio

mi alter ego ha presentado
una demanda de divorcio contra mí...

ortográfico

dieron al anzuelo
forma de interrogante
para poder pescar con él
en el río de las dudas

dieron a la exclamación
forma de cachiporra
para poder aporrear con ella la verdad
y
poder apuntalar con ella la mentira

sutura

un poema:
quince versos
de sutura
en el desgarro
del alma.

disfraz

¿por qué he de ser yo quien pague el disfraz que vosotros queréis ver?

cervicales

cuando un pensamiento pesa tanto
que aplasta las cervicales,
es mejor apuntalarlo
con un andamiaje de razones

contexto

la conversación adecuada,
en el momento adecuado
y
con las palabras justas,
puede no llegar a aliviar un dolor,
pero sí a darle contexto.

existo

me han etiquetado,
luego existo

tiempos

el tiempo pone las cosas en su lugar,
pero no en el tuyo...

estado del bienestar

el ministerio de hacienda es el único que me busca
el ministerio de sanidad intenta evitarme
el ministerio de defensa, ya, me ignora
el ministerio de cultura prefiere no saberme

pensares

nunca pienso tanto
como cuando pienso la forma
de no pensar

Propuesta de negocio

siempre harán falta banderas
tras las que esconder
las verdades incómodas

refranes

El hombre es el único animal
que tropieza dos veces
con la misma mujer

La mujer es el único animal
que puede tropezar dos veces
con el mismo adoquín

jota

ver la paja en el ojo ajeno
y
no ver la jota en el gemido de la vigilia

retales

con las palabras que sobraron
al escribir nuestra historia,
escribí el epílogo
de nuestra separación

charco

al escurrir cualquier bandera
se tiñe de rojo el suelo

diccionario

el diccionario es la hipérbole del hipérbaton

el ojo que tú ves...

ojear y hojear
los ojos de un poeta
en las hojas de sus libros

duda

sin asomo de duda,
todo es duda...

durmiente

solo eres consciente
de que te has dormido
cuando te despiertas

corrección

no,
no fue el día en el que aquel homínido se irguió,
fue el día en el que aquel otro,
dudó...

decires

dije lo
indecible
tras escuchar lo
inaudible

acaso

Ser presente es una forma
de ser futuro
aún en el acaso
de acabar siendo pasado...

memento

somos instante...

de todas

de todas las formas en las que un hombre,
puede querer a una mujer,
de la más cándida a la menos inocente,
de la más fraternal a la menos inocente,
de la más romántica a la menos inocente,
de todas
y
cada una de ellas...

tiempo efímero

se hace tarde demasiado pronto
cuando usted conduce el tiempo
hacia ayeres sibilinos sin un mañana que consignar...

espacio efímero

... tan adentro,
entre los tuétanos del alma,
que apenas ocupas espacio.
De ahí mi imagen de soledad.

amanece, que no es poco...

el amanecer
es una mancha de tiempo
derramada sobre el calendario.

sonrisa

tu sonrisa es un gajo de sol
arrancado al día.

solución

... no todos los poemas
tienen solución...

historia de amor

amalgama de tentaciones,
amalgama de sensaciones,
epicúreo inventario de anhelos
que transita, penitente, el amanecer
de un nuevo peldaño...

luminosa soleás el viento de la alborada

sol de agosto

Sol de piedra sobre la piedra inerte
y
contra los cuerpos mortales.

Afrenta de luz ardiente que cala
hasta el tuétano mismo de las cosas.

Báratro inminente.

Erebo desafiante.

A veces el árbol
no te deja ver al leñador.

bumerán

como el bumerán,
el pasado vuelve de oficio,
sin ganas
y
sin que nadie sepa por qué...

ni tanto ni...

unos tanto
y
otros tampoco...

cristología ortográfica

treinta monemas de plata

cristología vegetal

tirar la hiedra y esconderla en vano

cristología oftalmológica

ser la raja en el ojo ajeno y no la vida en el nuestro

cristología impositiva

la factura del pecado ya incluye la propina
y
un veinte por ciento en impuestos

cristología de las tentaciones

tentar a tientas tiene tantas consecuencias...

como hablar con la pared...

si las paredes hablaran no harían falta escritores

paisaje

ríos,
montañas,
silencios
y
versos

nocturnal

un silencio germinal abraza el cielo
tras el manto de la noche,
sementera de sueños,
letanía de presagios,

fondo y forma

en el fondo, todo es forma

digestión

me encanta ese periodo
de penumbra cerebral,
de sobremesa
o
sobrecama,
que sigue a una comida,
éxtasis silente,
narcolepsia reflexiva,
h i p n o l é p s i a   n u t r i c i o n a l

nocturnal

la noche brota en mil pedazos

cuántica

el tiempo es tan infinito como lo sea la memoria

astrofísica

el universo es tan infinito
como lo sea el intelecto
de su observador

criminología aplicada

me confrontaron con una rueda de reconocimiento
formada por trece espejos
y
no fui capaz de reconocer a mi propio asesino

pàtria amprada

flamege en l'aire nostra penyora

pintada en la pared

tonto el que lo mea

soledad, soledad mía, soledad

solo la factura de la luz
se alegra cuando vuelvo a casa

silente

recuerdo el día en que,
a gritos,
recité
«La historia del silencio»
(en siete tomos y un apéndice ilustrado)

reloj no marques las horas

no
hay nada más previsible que un reloj
ni
nada más imprevisible
que el tiempo que consigna

cirugía cardiovascular

algunos cirujanos cardiovasculares
sanan un resfriado
a corazón abierto

la excepción

no es obligatorio
confirmar ninguna regla
para ser una excepción

incertidumbres

la incertidumbre es la única certeza

yo soy yo y mis manifiestos

mi manifiesto yoísta
es un desierto de intenciones
que surfea
sobre un mar de incertidumbre

un clavo saca otro clavo...

por un clavo que saqué
sacaclavos me dijeron

noche

noche toledana i a la lluna de València,
¿España bien entendida
o
Castilla mal ponderada?

Todo y nada

todos los todos no hacen universo
si no cuentan con los nada

tarde

no es, ya, verte pasar,
es la tarde que dejas tras de ti...

paisanaje

paisanaje en el paisaje
de mis sueños más arcanos,
la memoria de tu ser
y
de tu esencia es el océano
que navegan mis razones

diccionario

de las más de mil entradas
que presenta el diccionario
de mis versos,
más de mil están escritas
con las letras de tu nombre.

saludos

buenas tardes
desde la guarida
en que mis sueños
te nostalgian

Rompida de la hora

no hay verso que rompa el día
como lo rompe tu ausencia
ni amanecer más insulso
escurriéndose entre mis razones

Water

Be water, my friend, pero no hielo congelado por el frío absurdo de esta sociedad absurda.

Tierra prometida

La del cementerio es la única tierra prometida.

historia de amor

Sospeché de mí desde el primer día en que te vi...

triste España sin ventura...

Patrioteros de pulsera
mascarilla y cuenta en Suiza
apropiando tus destinos.
Patrioteros Populistas.
Patrioteros de bandera y poco libro.
Patrioteros dijnospaña y banderilla.
Patrioteros de penalti y jurgoleo.
Patrioteros que ni saben
ni quieren saber quién eres
y que viven de azuzar
el odio entre los españoles.
Patrioterismo falaz
que se mide en banderitas,
en centímetros cuadrados
o en el brillo de la tela.
Patrioterismo barato
que reniega de tu historia
por el miedo a conocerla.
Patrioterismo acomplejado
de «cagüendios», «ejpanñia conñio»
y «cuantanvidiaquenostienen»,
del «aqui s'ablaj panñiol»
pero «llo no se hescrivirlo».
Patrioterismo vulgar.
P a t r i o t e r i s m o . . .

cielo

el cielo es un mar sin vida
borracho de melancolía
y,
el suelo, un paredón sicario
sin ni puntilla tiro de gracia

el reloj es un tren sin rumbo
y,
el sol,
un guisante en la boca de un viejo

commedia

...esos días en los que parece
que la historia está escrita
en otro idioma,
tu mirada es el diccionario
de palabras olvidadas
que devuelve significación al drama:

la commedia è infinita,
piena di versi da recitare
e
occhi da ammirare...

tiento

tiento a tientas
tentadas tentaciones tentaculares
tensadas en tentetiesos tentabueyes
tenaces
y
a la tentaruja
germinal
entre rezongos de tormenta,
llora,
mate
y
gris,
la madrugada

los buenos tiempos

Una, Grande y Libre se reunieron en el Bar Tiritos, droguería y cubatería, para hablar de los buenos tiempos y mirar de recuperarlos...

mercado

cronopios por greguerías,
epigramas por poenimios,
multiversos por localismos,
certezas por dogmas de fe,
todo se puede negociar,
en el opaco mercado del trueque...

espacio-tiempo

espacio-tiempo sintiente,
coordenadas espacio-temporales
transidas de impresionabilidad
e
hiperestesia,
subasta de sentimientos...

... tu noche es argumento de mis días
y,
tus días,
el vacío de mis noches.

metapoesía

metapoesía es poesía
que poemiza
sobre el poema
de la poesía

historia de amor

algún día
lograrás reconocerte
en todos
y
cada uno de mis versos,
observando que no suenan a mi voz,
sino a la tuya,

ese día,
lo habrás comprendido todo...

el sistema educativo español explicado a los padres y a las madres...

Este centro es un colegio,
y
no
una guardería
para hijos de padres
sin ganas de serlo».
rezaba,
valiente,
un letrero
en la portada del instituto local...

... los profesores de este centro
no tardaron
en ser oficialmente declarados
meros holgazanes
sin ganas de trabajar...

nueve haikús

I

mientras la patria
duerma tras un muro gris
no será patria

II

amenazador
y lleno de rencor
deviene el día

III

Felipe quinto,
rey de Castilla imperial,
cabeza abajo

IV

apátrida es quien
ignora su cultura
tras un muro gris

V
silencio calmo,
agosto quema fuera,
yo muero dentro

VI
matar el tiempo
imaginando haikús:
haikuricidio

VII
no todos los yo
son tan nosotros mismos
como yo mismo

VIII
la oveja negra
abandonó el rebaño
en busca de luz

IX
sobraban letras
hasta que le practiqué
la haikuncisión

naufragio

Sí,
yo también me he asfixiado
muchas veces
buscando mis propios despojos
en las bodegas de mi propio Titanic

¿Quién no...?

arrepentigüenza

me avergüenzo de mirarte
y
me arrepiento de no hacerlo

historia de amor

fue tan largo aquel
«te quiero»
que, a mitad,
se fue con otro...

así somos

evanescentes,
como somos,
y
solubles en tiempo,
tan volátiles
e
insignificantes,
después de todo...

himno

el eterno bostezo de un país
que se niega a despertar,
ese es el
ú
n
i
c
o
himno
de
E s p a ñ a

hijno

suena lijnospaña
y
ondea la banderajpaña
mientras la gente hablajpañol
y
España se diluye
en un mar de incomprensión

absurdo

¿esto es estar vivo
o
estar muerto?
¿o es no estar
ni
querer ser?
... se hace difícil encontrar alojamiento en este absurdo...

autorretrato (otro...)

de pueblo
y
del pueblo,
más de libros que de banderas,
más de España que del imperio,
aprendiz de músico,
aprendiz de poeta,
aprendiz de persona
y
maestro,
solo,
en vagancia
y
en
desidia

Fenomenología epistemológica de aquello del soñar

por el día
soñar con soñarte,
por la noche,
soñar para soñarte

No...

No, yo tampoco se decir Massachusetts...

noches

.... y todas esas noches en las que me agarraba a un libro ardiendo para ocultar mi caída, inexorable, hacia el almudín de mierda ...

poeta

aquel poeta sieso
se levantó la tapa del corazón
de un tiro de coca

Días contados

El calendario es una de esas cosas que tiene los días contados.

instante

Ese instante en el que el universo toma aire, justo antes de gritar su enfado...

petricor

petricor,
geosmina acompasada
por los trozos de cielo en carámbanos
que intentaban romper el suelo,

el verano ha venido
y
no sé si alguien sabe cómo ha sido

sueño

... anoche soñé un corazón con la forma de tu cuerpo, la textura de tu piel y el color de tus pupilas...

reloj

... el reloj
y
el tiempo podrán bruñir
o
malversar
la diatriba las músicas,
pero tú siempre serás
el argumento de las letras ...

historia de amor

serás...

València, maig del 23

... si, hasta ahora, leer era provocación, a partir de ahora leer será revolución...

(València, 28 de maig de 2023)

Reloj, no marques las horas

a este lado del reloj es siempre
un rato antes de encontrarte,
un momento antes de explicarte
y
un suspiro antes de soñarte,

a este lado del reloj,
las saetas giran alrededor de tus días
y
la arena,
en su caer hacia el mañana,
dibuja siempre tu silueta,

a este lado del reloj no hay tiempo
que no tictaquee en ti,
por ti
y
...
sin
t
i...

Tú

tú
tu cuerpo
cada poro de tu piel
cada célula/tesela del mosaico de tu arcano
cada núcleo
cada elipse de ADN
cada mol
cada molécula
todos
y
cada uno de los átomos
todas
y
cada una de las partículas vibrantes
que descansan
entre brana
y
brana
cada hilo de luz
cada hebra de energía
cada brizna de existencia

todo eso
y,
posiblemente,
un tanto más

eres tú,
significada
en el fractal interminable
de los cosmos que puntualizaba

Tú (2)

memoria del ayer,
constancia del mañana
y
evidencia de un ahora,

esencia
y
presencia de mi derramar, sin tino,
en las estancias del tiempo,

tiempo mismo

tú

Tú (3)

tú eres el licor,
el hielo
y
la copa,

el sabor,
el aroma
y
la embriaguez,

el amanecer,
la resaca
y
la aspirina,

el sol,
el parasol,
el resol
y
el girasol,

el libro,
la reseña,
la galerada
y
el plagio,

el noveno mandamiento
y
el pecado capital,

la sal
y
el limón

y
la causa de martirio
y
la sencillez de un tupinambo

y
el desconsolado sino
de una ruleta rusa
y
el amanecer del sol
entre las lunas de Júpiter

y
el cero cinco de alcohol en sangre
y
el epílogo del día

y
la sal que riega
todos

y
cada uno de los mares
que en el mundo son....

Tú (4)

seguro que hay un mundo allí afuera,
pero tú estás aquí adentro...

Tú (5)

sueño cada noche tantas vidas para ti...

Tú (6)

ese instante,
justo antes de que el vértigo
se apropie del momento
y
con tu nombre retumbando
en el velo de la noche
y
de su calma coreografía,
ese instante de anacrusa,
ese instante de certeza,
(eres) ese instante,
eres
ese
instante,
eres (entre otros) ese instante...

ÍNDICE

ESCRIBO 9
FOLIO........ 9
LÁGRIMAS 9
VERSOS DE PRIMAVERA 10
TAN YO 10
EL FIN DEL MUNDO 11
AUTOBIOGRAFÍA SIN HILOS 11
RECUERDO 11
HISTORIA DE AMOR 12
STOCKHOLMSKA........ 12
DISPARATE 12
FURIBUNDAMENTE VERSO 13
GUANTES 13
SONRISAS........ 13
TAYTANTOS... 14
SENSACIÓN TÉRMICA........ 14
HO TENIM TOT 15
VAGUEDAD 15
VOSOTROX........ 16
DIETARIO........ 16
REALIDAD 17
ONDEA........ 17
PULSERAS 17
¡YO SOY MALESPAÑOL, MALESPAÑOL, MALESPAÑOL...! 18
NOCHE (1)........ 18
NOCHE (2)........ 18

ANALFABETO 19
REVOLUCIÓN 19
TECLADO 19
YO 20
TÚ 20
HOMBRE DE PRINCIPIOS 20
AUSENCIABLE 20
CASI NADA 21
COSAS DE MÚSICOS 21
S 22
SIN IRA 22
MICH 23
CROMATISMOS 23
INSPIRACIÓN 23
CARPE DIEM 24
¿SÍ? 24
INTIFADA 24
TANTO 25
ELLOS 25
LAS BELLAS ARTES SEGÚN PIZARNIK 25
ESTRELLA FUGAZ 26
AHÍ ESTAMOS 26
TERTULIA 27
SUSURRO 28
EJQUE HOY JUEGAL MAZDRÍ 28
MICROCUENTO EN DOS HAIKÚS 29
DOLOR 30
¡¡LADRONES!! QUE SOIS UNOS LADRONES... 31

4 HAIKÚS 32
SIESTA 33
POETA 33
AMOR 34
CAFÉ CON AZÚCAR 34
ESOS DÍAS 35
PEDANTE 35
BÉLICO MAQUIAVELO 35
¿SERÁ? 36
LIMNOLOGÍA 36
GRADACIÓN 36
LA CAVERNA DE ARISTOCLES 37
INSTANTE 37
MANUAL ILUSTRADO DE HISTORIA DE ESPAÑA 38
AQUISA BLASPA ÑOL 38
TÚ 39
PUES, ESO... 39
C'EST LA VIE 39
REFLEXIÓN 40
DEL CATÁLOGO DE OJALÁS 40
HISTORIA DE AMOR 40
SABERES 41
JARDÍN 41
OTRO AMANECER 42
FELICIDAD Y AUTOESTIMA 42
ROSA ROSAE 43
ESPEJO 43
VIAJE 43

HORIZONTE DE SUCESOS 44
HISTORIA DE AMOR 44
SMI 44
VERDAD 45
INMINENTE 45
USTED 45
TÚ 46
HISTORIA DE AMOR 47
RELIQUIAS 47
¿LOCO? 47
GRISÚ 47
1707 48
1707 48
1707 48
LA VERDAD 49
CONCIENCIACIÓN 49
LOCURA 50
PVP 50
LUZ DEL DÍA 50
VERSOS 51
ANOCHECER 51
HISTORIA DE AMOR 52
SILENCIO 52
ARMAS 52
FACILIDADES 53
CAOS 53
RELOJ 54
ESPERANDO 54

APREHENDERTE ... 55
VERSONAUTA ... 56
ECCE HOMO ... 57
SED ... 58
FRACTAL ... 58
NOCHES DE CIÁTICA ... 59
AMANECER ... 59
PIENSO ... 59
... Y, MENOS MAL ... 60
PAÍS ... 61
RESACA ... 61
MENESTER ... 62
REBUFO ... 62
SONRÍO ... 63
BRANA ... 63
PAQUITO ... 63
UEI ... 64
UEI ... 64
UEI ... 64
RAYO DE CONCREZIÓN ... 65
LA RAZÓN DE LA SINRAZÓN QUE A MI RAZÓN SE HACE ... 65
POETA ... 66
TUYO ... 66
¿TODOS LOS ESPAÑOLES SOMOS IGUALES ANTE LA LEY? ... 66
VACÍO ... 66
SÍSTOLE Y CATÁSTROFE ... 67
TEMPORAL DE LLUVIA Y CASPA ... 67
CAOS 2 ... 68

CAFÉ Y AZÚCAR 68
PERSPICUIDAD 69
SOLUCIONES Y NO... 69
SERVIDOR DE USTEDES 69
TIERRA NUESTRA 70
BAÑO 70
GEOMETRÍA EUCLIDIANA 71
TERRAVERSISTA 71
AMAZONA 71
17 DE ABRIL DE 2023 72
NÚVOL DE REALITAT 72
FENOMENOLOGÍA 72
ESPAÑOLS 73
ESPANYOLS 73
ESPAÑOLES 73
AGRONOMÍA 74
SONRISA 74
DEMAGOGO Y OPORTUNISTA... 74
ESOS POEMAS 75
JULIUS CAESAR 75
DIFÍCIL, A VECES... 75
BREVÍSSIMO BREVIÁRIO DE LITERATURA
EM LÍNGUA PORTUGUESA 76
PRENDER 76
NOCHE 76
... Y DÍA 76
DEL ECLESIASTÉS 77
PEREZA DOLIENTE 77

RELATIVIDAD 77
PREDECIBILIDAD 78
PLEURA 78
VENTANA 78
JUEVES 79
ALEATORIEDAD INCONTROLADA 79
D É B O U R B O N N E R 79
EXCEPCIONALIDAD 80
EXCEPCIONALITAT 80
EXCEPCIONALIDAD 80
SENTIDO 81
A LA CAMA NO TE IRÁS... 81
CAMPPAÑA ELECTORAL 81
MÁQUINA DE TABACO 82
BIENAVENTURANZAS 82
HAMBRE Y SED 82
AÚN RECUERDO AQUELLA NOCHE... 83
DUELO DE MIRADAS 83
COPLAS 83
POEMA 84
LLUVIA 84
ROSA DE SANT JORDI 84
AL HIJO DE PUTA BUSCONA QUE MANEJA,
SIN SENTIDO, LOS HILOS DE MI DESTINO... 85
PENITENCIA 86
HAZAÑAS DOMÉSTICAS 86
TÍTOL PER DEFINIR 87
NADA 87

SOMBRAS 87
PADRE PUTATIVO 88
LÁGRIMA 88
ARITMÉTICA 88
MEMENTO HOMO: 88
YO MISMO 89
SOMBRA 89
ARITMÉTICA AMOROSA 89
LEMA 90
PUEDE I 90
PUEDE II 90
ESPIRAL 90
MEMENTO 91
MECÁNICA CUÁNTICA 91
POLÍTICA 91
MORS 92
RUSA 92
HISTORIA DE AMOR 92
TODO 92
HOJA DE RUTA 93
HOJA DE RUTA II 93
DUDAS RAZONABLES 93
RARITO 94
INDIFERENCIA 94
LIBRO 94
CONFLUENCIA 95
POEMA 95
DUELO 95

DOS MOMENTOX 96
HAIKU DE UNA NOCHE DE VERANO 96
DEFINICIÓN 96
TORMENTA 97
FUTURO 97
LLENGÜES DE GAT 97
NOVELA CORTA 98
NADA 98
NIMA@GONVA.SCT 98
ESTIMADO 98
LEMA ELECTORAL 99
DECIR 99
ESPAÑA, DE NUEVO... 99
SÍMBOLOS 100
SÍMBOLO 100
HÉROE 100
COMPLEJO DE CULPABILIDAD 100
VESPRADA DE PLUJA 101
INMENSAMENTE NADIES 101
IDENTIDAD DE GÉNERO 102
EN UN ABRIR Y NO CERRAR DE OJOS 102
AMISTAD II 102
ERAS 103
CAPITAL 103
AMISTAD III 103
FILOSOFÍA 104
COBARDÍA 104
CONFLICTO INTERGENERACIONAL 104

PUREZA ... 105
NOCHE DE LLUVIA ... 105
NOCHE DE LLUVIA II ... 105
CANCIÓN DE OTOÑO ... 106
NOSTALGIA DE TI ... 106
ERES ... 106
ÉPOCAS ... 106
REQUIEM... ... 107
ÉXITO ... 107
ALEATORIEDAD DESCONTROLADA ... 107
VITA MEA ... 108
DEFINIR LO INDEFINIBLE ... 108
BUMERANG ... 108
TERRAPLANISTA: ... 108
PERSPECTIVA ... 109
INTELECTUAL ... 109
TEORÍA DEL ESTADO. TEMA I. PRELIMINARES. ... 109
BIOGRAFÍA ... 109
D É B O U R B O N N E R II ... 110
SILENCIO ... 110
TARDE DE MAYO Y, TODAVÍA, CABREADO ... 110
CÉDULA DE HABITABILIDAD ... 110
CURIOSIDADES LINGÜÍSTICAS ... 111
HISTORIA DE AMOR ... 111
HISTORIA DE AMOR ... 111
HISTORIA DE AMOR ... 112
DELINCUENTE ... 112
NOCHE RONCA ... 112

VERSO A VERSO 113
FATÍDICO 113
TEORÍA EVOLUTIVA 114
DUDA 114
INEVITABLE 114
PROPUESTA 115
UBICUO 115
LIBERTARIO 115
LIBRO 116
PENDÓN 116
PAN 116
айрин. AYRIN 116
ARTES TEMPORALES 117
DESAHOGO 118
ALEACIÓN 118
NEURONAS ESPEJO 118
COSAS POR DECIR 119
HEMOS 119
DIVORCIO 119
ORTOGRÁFICO 120
SUTURA 120
DISFRAZ 121
CERVICALES 121
CONTEXTO 121
EXISTO 122
TIEMPOS 122
ESTADO DEL BIENESTAR 122
PENSARES 122

PROPUESTA DE NEGOCIO 123
REFRANES 123
JOTA 123
RETALES 124
CHARCO 124
DICCIONARIO 124
EL OJO QUE TÚ VES... 124
DUDA 125
DURMIENTE 125
CORRECCIÓN 125
DECIRES 126
ACASO 126
MEMENTO 126
DE TODAS 127
TIEMPO EFÍMERO 127
ESPACIO EFÍMERO 127
AMANECE, QUE NO ES POCO... 128
SONRISA 128
SOLUCIÓN 128
HISTORIA DE AMOR 129
SOL DE AGOSTO 129
BUMERÁN 130
NI TANTO NI 130
CRISTOLOGÍA ORTOGRÁFICA 130
CRISTOLOGÍA VEGETAL 130
CRISTOLOGÍA OFTALMOLÓGICA 131
CRISTOLOGÍA IMPOSITIVA 131
CRISTOLOGÍA DE LAS TENTACIONES 131

COMO HABLAR CON LA PARED... 131
PAISAJE 132
NOCTURNAL 132
FONDO Y FORMA 132
DIGESTIÓN 133
NOCTURNAL 133
CUÁNTICA 133
ASTROFÍSICA 134
CRIMINOLOGÍA APLICADA 134
PÀTRIA AMPRADA 134
PINTADA EN LA PARED 134
SOLEDAD, SOLEDAD MÍA, SOLEDAD 135
SILENTE 135
RELOJ NO MARQUES LAS HORAS 135
CIRUGÍA CARDIOVASCULAR 136
LA EXCEPCIÓN 136
INCERTIDUMBRES 136
YO SOY YO Y MIS MANIFIESTOS 136
UN CLAVO SACA OTRO CLAVO 137
NOCHE 137
TODO Y NADA 137
TARDE 137
PAISANAJE 138
DICCIONARIO 138
SALUDOS 138
ROMPIDA DE LA HORA 139
WATER 139
TIERRA PROMETIDA 139

HISTORIA DE AMOR 139
TRISTE ESPAÑA SIN VENTURA........ 140
CIELO........ 141
COMMEDIA........ 141
TIENTO 142
LOS BUENOS TIEMPOS........ 142
MERCADO........ 143
ESPACIO-TIEMPO........ 143
METAPOESÍA 144
HISTORIA DE AMOR 144
EL SISTEMA EDUCATIVO ESPAÑOL EXPLICADO
A LOS PADRES Y A LAS MADRES........ 145
NUEVE HAIKÚS 146
NAUFRAGIO........ 148
ARREPENTIGÜENZA 148
HISTORIA DE AMOR 148
ASÍ SOMOS........ 149
HIMNO........ 149
HIJNO........ 150
ABSURDO........ 150
AUTORRETRATO (OTRO...)........ 151
FENOMENOLOGÍA EPISTEMOLÓGICA
DE AQUELLO DEL SOÑAR........ 151
NO... 152
NOCHES........ 152
POETA........ 152
DÍAS CONTADOS 152
INSTANTE 153

PETRICOR ... 153
SUEÑO ... 153
RELOJ ... 154
HISTORIA DE AMOR ... 154
VALÈNCIA, MAIG DEL 23 ... 154
RELOJ, NO MARQUES LAS HORAS ... 155
TÚ ... 156
TÚ (2) ... 157
TÚ (3) ... 158
TÚ (4) ... 160
TÚ (5) ... 160
TÚ (6) ... 161

Este libro se terminó de editar en Granada
en marzo de 2024 por

www.aliarediciones.es
info@aliarediciones.es